25 Avril 1914

157

VENTE

du Samedi 25 Avril 1914

HOTEL DROUOT, SALLE N° 11

A 2 HEURES

EXPOSITION PUBLIQUE

Le Vendredi 24 Avril 1914

DE 2 HEURES A 6 HEURES

MEUBLES

ANCIENS ET MODERNES

OBJETS D'ART

TAPIS — ÉTOFFES

COMMISSAIRE-PRISEUR :

Me ROBERT BIGNON

41, Rue de la Victoire

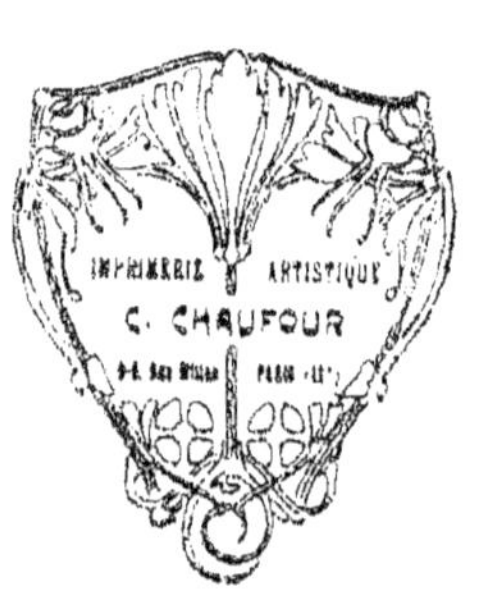
IMPRIMERIE ARTISTIQUE
C. CHAUFOUR

CATALOGUE

DES

MEUBLES

ANCIENS & MODERNES

Chambres à coucher art nouveau
Salles à manger en laqué blanc
Salons recouverts en velours et soierie
Secrétaires, Encoignures, Commodes
Crédence, Armoires, Bureaux, Canapés, Fauteuils
Chaises, Bibliothèque, Consoles
Trumeaux, Porte-manteaux, Lits sculptés, Stalle
Tables à ouvrage, Piano Hertz, Meubles divers, etc

OBJETS D'ART

BRONZES — PORCELAINES — TABLEAUX

Lustres, Appareils électriques
Appliques, Statuettes en bronze et en terre-cuite
Cassolettes, Suspensions, Glaces, Epées
Flambeaux, Plateaux, Argenterie, etc.

Tapis — Etoffes — Broderies

DONT LA VENTE AURA LIEU

HOTEL DROUOT, SALLE N° 11

Le Samedi 25 Avril 1914

à 2 heures

Commissaire-Priseur : Me ROBERT BIGNON
41, Rue de la Victoire

EXPOSITION PUBLIQUE

Le Vendredi 24 Avril 1914, de 2 heures à 6 heures

CONDITIONS DE LA VENTE

La vente sera faite au comptant.

Les acquéreurs paieront *dix pour cent* en sus des enchères.

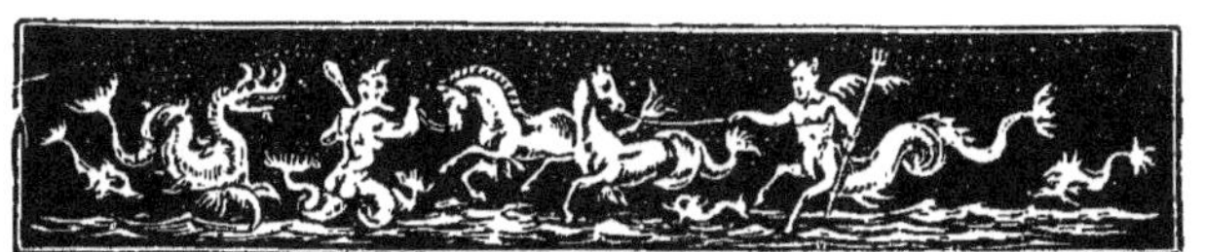

DÉSIGNATION

OBJETS D'ART

PORCELAINES — BRONZES

1 — Dix assiettes en porcelaine de Chine, décor en bleu.

2 — Deux divinités en grès de Chine.

3 — Deux assiettes en faïence de Delft.

4 — Petit vase en faïence de Delft, décor polychrome.

5 — Deux pots à tabac en grès.

6 — Potiche en porcelaine fond bleu, monture en bronze doré de style Louis XV.

7 — Paire de vases japonais.

8 — Vase couvert en porcelaine de Chine fond rose.

9 — Panneau brodé du Japon, monture en bois ajouré.

10 — Statuette de Vierge en bois sculpté.

11 — Boîte à priser.

12 — Groupe en bois sculpté représentant La Mise au tombeau.

13 — Pendule en marbre noir.

14 — Groupe en terre cuite : Faune et bacchantes.

15 — Groupe en terre cuite : Allégorie à l'Amour.

16 — Paire de vases en cristal taillé, monture en bronze doré. Style Empire.

17 — Paire de vases-cassolettes en marbre blanc, monture et garniture en bronze doré. Style Louis XVI.

18 — Statuette en marbre : l'Amour captif.

19 — Paire de porte-bouquets en terre-cuite : Enfants soutenant un vase avec fleurs. Signé MADRASSI.

20 — Fontaine en cuivre et son bassin

21 — Cartel en bronze de style Renaissance.

22 — Encrier en bronze doré à motifs de fleurs en porcelaine.

23 — Vase en bronze patiné à motifs de fleurs dorées.

24-25 — Deux glaces cadres dorés.

26 — Deux petites consoles d'appliques en bois sculpté.

27 — Paire d'appliques en bronze doré à une lumière. Style Régence.

28 — Quatre motifs en bois doré à tête de cygne Style Directoire.

29 — Glace cadre en acajou à filets.

30 — Christ en croix en parties dorées et gravées

31 — Groupe allégorique en bronze, par Campagne. Socle en marbre.

32 -- Deux mortiers en bronze.

33 — Paire d'appliques en bronze garni de cristaux, à cinq lumières électriques.

34 — Plaque de cheminée en bronze.

35 — Plat ovale en faïence décorée.

36 — Statuette en plâtre de Napoléon sur socle en marbre.

37 — Buste en terre cuite : Marie-Antoinette.

38 — Plateau en tôle peinte, fond rouge, orné de feuilles de lauriers.

39 — Épée, garde ajourée.

40 — Sabre japonais avec sa gaîne.

41 — Paire de candélabres en bronze à cinq lumières.

42 — Statuette de Bacchus en cuivre.

43 — Chien en bronze.

44 — Paire de flambeaux Empire en cuivre guilloché.

45-46 — Trois miniatures.

47 — Pendule en marbre noir à deux colonnes, surmontée d'un groupe en bronze.

48 — Deux motifs d'appliques en bois sculpté, vases de fleurs et guirlandes.

49 — Petite glace, côtés à colonnettes.

50 — Deux plateaux en tôle peinte, à décor de paysage et personnages chinois.

51 — Ecrin contenant environ trois cents médailles ou pièces de monnaies.

52 — Petit service de fumeur en argent.

53 — Pince à asperge en argent, cuiller à grog, spatule, cuiller à crème et service à salade.

54 — DEVERIA (D'après). Femme de Bolbec. Lithographie en couleurs.

55 — LEANDRE. J'ai tué ma patronne..., etc. Dessin au crayon.

56 — INCONNU. Le Revenant. Le Mufle il a enfilé ma chemise. Dessin.

57-58 — Trois cadres dorés.

59 — Epée Empire, garde en cuivre.

MEUBLES

ANCIENS ET MODERNES

60 — Encoignure Louis XVI en acajou, garnie de bronzes, dessus en marbre.

61 — Encoignure Louis XVI en acajou et marqueterie à fleurs, dessus en marbre.

62 — Grand secrétaire Louis XVI à abattant, en marqueterie de bois à damiers au centre et sur les côtés.

63 — Bureau dos d'âne Louis XVI, décor de marqueterie à fleurs.

64 — Trois fauteuils Louis XVI en bois sculpté peint blanc.

65 — Fauteuil Louis XIV en bois sculpté.

66 — Ciel-de-lit Louis XVI en bois sculpté.

66 *bis* — Console d'applique Empire en acajou dessus en marbre blanc.

67 — Table à jeu décor en marqueterie.

68 — Salon de style Empire en acajou garni de bronze et recouvert de soierie crème et jaune, composé d'un canapé et cinq fauteuils.

69 — Ecran en tapisserie, monture en bois sculpté de style Louis XIV.

70 — Console de style Louis XIV en bois sculpté et doré, dessus en marbre.

71 — Salon en noyer sculpté de style Louis XVI, recouvert de soierie, composé d'un canapé et quatre fauteuils.

72 — Deux bergères à oreilles en noyer sculpté, recouvertes de soierie. Style Louis XVI.

73 — Guéridon en marqueterie de bois, à motifs et garniture en bronze doré. Style Louis XV.

74 — Trumeau en chêne surmonté d'un motif sculpté.

75 — Trumeau en bois sculpté peint gris, le haut surmonté d'un paysage. Style Louis XVI.

76 — Commode de style Louis XVI à trois tiroirs en marqueterie de bois, chutes en bronze, dessus en marbre.

77 — Support en bois sur pieds tors.

78 — Salle à manger en bois sculpté et laqué composé d'un buffet, d'une table, de deux dessertes d'encoignures vitrées et de huit chaises. Style Louis XVI.

79 — Deux lits d'enfants en cuivre.

80 — Bureau de dame de style Louis XVI en bois de rose et palissandre, dessus à vitrine, garniture en bronze doré.

81 — Salon en noyer sculpté de style Louis XIII, recouvert de velours frappé, composé d'un canapé et quatre fauteuils.

82 — Armoire à une porte en bois sculpté à feuillage.

83 — Buffet de salle à manger à deux corps en chêne, le panneau du centre sculpté.

84 — Bibliothèque à quatre portes, en bois de rose, orné de bronzes, dessus en marbre. Style Louis XV.

85 — Commode en acajou à trois tiroirs, garniture et motifs en bronze doré, dessus couvert d'un marbre.

86 — Monture de paravent à trois feuilles en bois sculpté peint blanc. Style Louis XV.

87 — Grand meuble crédence en noyer sculpté le fond en soierie verte, le corps du bas à quatre portes vitrées et grillagées, dessus en marbre. Style Louis XIV.

88 — Table en noyer sculpté de style Louis XV.

89 — Console d'applique en bois sculpté et doré dessus en marbre. Style Louis XV.

90 — Chaise en bois peint blanc à dossier ajouré.

91 — Chaise Louis XIV en bois sculpté, dossier canné.

92 — Stalle à accotoirs et dais moulurés en noyer. Fin du XVIe siècle.

93 — Piano droit de Herz.

94 — Chambre à coucher art nouveau, composée d'un lit, d'une table de nuit et d'une armoire avec glace au centre.

95 — Rafraîchissoir Louis XVI en acajou à filets de cuivre, dessus en marbre gris.

96 — Lit en bois sculpté peint blanc et foncé de canne.

97 — Grand di n, monture en bois de style Empire.

98 — Toilette en pitchpin, dessus en marbre.

99 — Divan et literie en velours gris avec ses coussins.

100 — Bercelonnette d'enfant

101 — Chauffe-bain.

102 — Quatre chaises anglaises en acajou garnies de cuir.

103 — Table de salle à manger, deux fauteuils et quatre chaises couvertes en cuir, de la maison Majorelle.

104 — Bois de fauteuil Louis XVI.

105 — Table à ouvrage Louis XV en noyer ciré.

106 — Porte Koran incrusté de nacre.

107 — Petit bureau moucharabie.

108 — Meuble formant étagère moucharabié.

109 — Petit canapé moucharabié recouvert d'étoffe damassée.

110 — Deux chaises moucharabiées recouvertes de tapis d'Orient.

111 — Armoire en acajou à deux portes.

112 — Toilette en noyer.

113 — Deux bicyclettes d'enfants.

114 — Meubles omis.

TAPIS — ÉTOFFES

115 — Tapis persan fond rose, bordure crème à fleurs et dessins polychromes.

4m50×3m50 environ.

116 — Tapis de Smyrne fond rouge, dessins et bordure bleus et verts.

5m×4m.

117 — Tapis persan à fond vert, bordure rose à fleurs, dessins multicolores.

4m50×2m20.

118 — Tapis d'Orient fond rouge à bordures et médaillons, dessins et animaux.

119 — Tapis persan fond rose, bordure verte et jaune à fleurs multicolores.

4m×1m70.

120 — Tapis de prière fond blanc, bordure rose.

121 — Tapis d'Orient fond bleu clair, bordure crème, dessins à médaillons.

122 — Couvre-lit en satin brodé, dessins à fleurs et dragons.

123 — Couvre-lit crème brodé en couleurs.

124 — Tapis de prière fond crème mosaïque, dessin vase de fleurs.

125 — Tapis de prière saumon à broderies en couleurs, dessin vase de fleurs.

126-127 — Deux portières en soie mauve brodée, travail indien.

128 — Bandeau bulgare en laine rouge, brodée argent.

129 à 139 — Environ vingt-cinq pièces étoffes et broderies.

140 — Deux petits panneaux en tapisserie.

141 — Deux cantonnières.

142 — Objets omis.

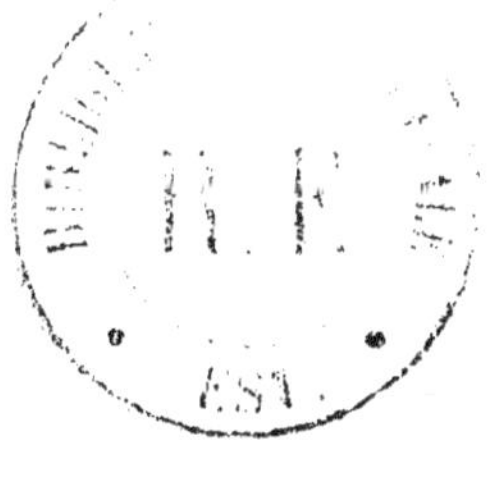

www.ingramcontent.com/pod-product-compliance
Lightning Source LLC
LaVergne TN
LVHW020503230826
846091LV00008BA/3325

* 9 7 8 2 3 2 9 4 9 6 5 6 6 *